xikolo - សាលារៀន	2
kufamba - ការធ្វើដំណើរ	5
swilo swo famba - ការដឹកជញ្ជូន	8
doroba - ទីក្រុង	10
ndhawu - ទេសភាព	14
rhesiturente - ភោជនីយដ្ឋាន	17
xitolo le xikulu swinene - ផ្សារទំនើប	20
swakunwa - ភេសជ្ជៈ	22
swakudya - អាហារ	23
purasi - កសិដ្ឋាន	27
yindlu - ផ្ទះ	31
kamara ro tshama - បន្ទប់ទទួលភ្ញៀវ	33
khishini - ផ្ទះបាយ	35
kamara yo hlambela - បន្ទប់ទឹក	38
kamana ya vana - បន្ទប់របស់កុមារ	42
swiambalo - សម្លៀកបំពាក់	44
hofisi - ការិយាល័យ	49
ikhonomi - សេដ្ឋកិច្ច	51
mintirho - មុខរបរ	53
switirhisiwa - ឧបករណ៍	56
swichayachayana - ឧបករណ៍តន្ត្រី	57
ntanga wa swiharhi - សួនសត្វ	59
mintlango - កីឡា	62
mintirho - សកម្មភាពនានា	63
ndyanghu - គ្រួសារ	67
miri - រាងកាយ	68
xibedlhele - មន្ទីរពេទ្យ	72
xihatla - សង្គ្រោះបន្ទាន់	76
Misava - ផែនដី	77
xikomba-nkarhi - នាឡិកា	79
viki - សប្ដាហ៍	80
lembe - ឆ្នាំ	81
swivumbeko - រាង	83
mevala - ពណ៌	84
swo hambana - ផ្ទុយគ្នា	85
nomboro - លេខ	88
tindzimi - ភាសា	90
mani / yini / njhani - នរណា / អ្វី / របៀប	91
eka - កន្លង់	92

Impressum
Verlag: BABADADA GmbH, Nedderfeld 112 , 22529 Hamburg
Geschäftsführer / Verlagsleitung: Harald Hof
Druck: Books on Demand GmbH, In de Tarpen 42, 22848 Norderstedt

Imprint
Publisher: BABADADA GmbH, Nedderfeld 112 , 22529 Hamburg, Germany
Managing Director / Publishing direction: Harald Hof
Print: Books on Demand GmbH, In de Tarpen 42, 22848 Norderstedt, Germany

xikolo
សាលារៀន

- **ava** / ចតៃ
- **pulanka** / ក្តារ
- **tlelase** / បន្ទប់រៀន
- **tichere** / គ្រូបង្រៀន
- **vala ra xikolo** / ទីតាំងសាលារៀន
- **papila** / ក្រដាស
- **pene** / បិក
- **tafola** / តុការិយាល័យ
- **rula** / បន្ទាត់
- **buku** / សៀវភៅ
- **tsala** / សរសេរ
- **mudyondzi** / កូនសិស្ស

xinkwamana
សម្ភារៀនសុបតៃ

bokisi ra tipensele
ប្រអប់ដាក់ខ្មៅដៃ

pensele
ខ្មៅដៃ

muchini wo vatla tipensele
ប្រដាប់ខ្ចង់ខ្មៅដៃ

rhaba
ជ័រលុប

papilo ro dirowa
ផ្ទាំងគំនូរ

xifaniso lexi diroweke

តំណូរ

burachi ro penda

ជក់គូរ

bokisi ro penda

ប្រអប់ថ្នាំលាប

xikero

កន្ត្រៃ

xidamarheti

ការបិទ

buku ya xikolo

សៀវភៅសំលាកាត់

ntirho wa le kaya

កិច្ចការផ្ទះ

nombhoro

លេខ

engeta

បូក

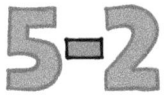

susa

ដក

andzisa

គុណ

hlaya

ថណនា

letere

លិខិត

maletere

អក្ខរក្រម

rito

ពាក្យ

xikolo - សាលារៀន

rungula
អត្ថបទ

hlaya
អាន

choko
ជ័រលុប

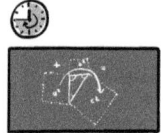
dyondzo
មេរៀន

tsarisa
ចុះឈ្មោះ

xikambelo
ការប្រលង

xitifiketi
វិញ្ញាបនបត្រ

swiambalo swa xikolo
ឯកសណ្ឋានសាលា

dyondzo
ការរៀបរៀន

nsonga-vutivi
សពវចនាធិប្បាយ

univhesiti
សាកលវិទ្យាល័យ

makhiriskopu
មីក្រូទស្សន៍

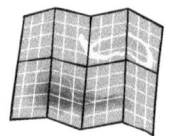
mepe
ផែនទី

xikotela xo lahla maphepha
កន្ត្រករដាក់សំរាមកូដាស

xikolo - សាលារៀន

kufamba
ការធ្វើដំណើរ

hotele
សណ្ឋាគារ

hositele
សណ្ឋាគារកុមេង

ndhawu yo cinca mali
ការិយាល័យប្តូររូបិយប័ណ្ណ

putumendhe
វ៉ាលី

movha
រថយន្ត

ririmi
ភាសា

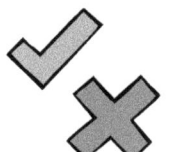

ina / e-e
បាទ / ទេ

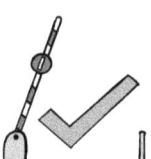

Swikahle
យល់ព្រម

ahe
សាយ័ណ្ហសួស្តី!

muhundzuluxeri
អ្នកបកប្រែ

Ndza khensa
សូមអរគុណ

ivungani...?
ថ្លៃប៉ុន្មាន...?

Andzi twisisi
ខ្ញុំមិនយល់

nkinga
បញ្ហា

Riperile!
ទិវាសួស្តី!

Maxelo ya kahle!
អរុណសួស្តី

Vusiku bya kahle!
រាត្រីសួស្តី!

sala kahle
លាហើយ

nkongomiso
ទិសដៅ

mindzhwalo
អីវ៉ាន់

nkwama
កាបូប

nkwama
កាបូបស្ពាយកុរគោយ

muendzi
ភ្ញៀវ

kamara
បន្ទប់

nkwama wo etlela
ថង់ដេក

tende
តង់

vuxokoxoko bya vaendzi
ព័ត៌មានទេសចរណ៍

ribuwa
ឆ្នេរ

khadi ra xikweleti
កាតឥណទាន

xifihlulo
អាហារពេលព្រឹក

swakudya swa ninhlekani
អាហារថ្ងៃត្រង់

swakudya swa nimadyambu
អាហារពេលល្ងាច

thikithi
សំបុត្រ

kheshe
ជណ្តើរយន្ត

xitempe
តឹក

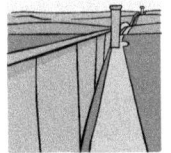

ndzilakana
ព័រដែន

mikhuva
គយ

hovisi ya vuyimeri ya tiko
ស្ថានទូត

visa
ទិដ្ឋាការ

pasi ro endza
លិខិតឆ្លងដែន

kufamba - ការធ្វើដំណើរ

swilo swo famba
ការដឹកជញ្ជូន

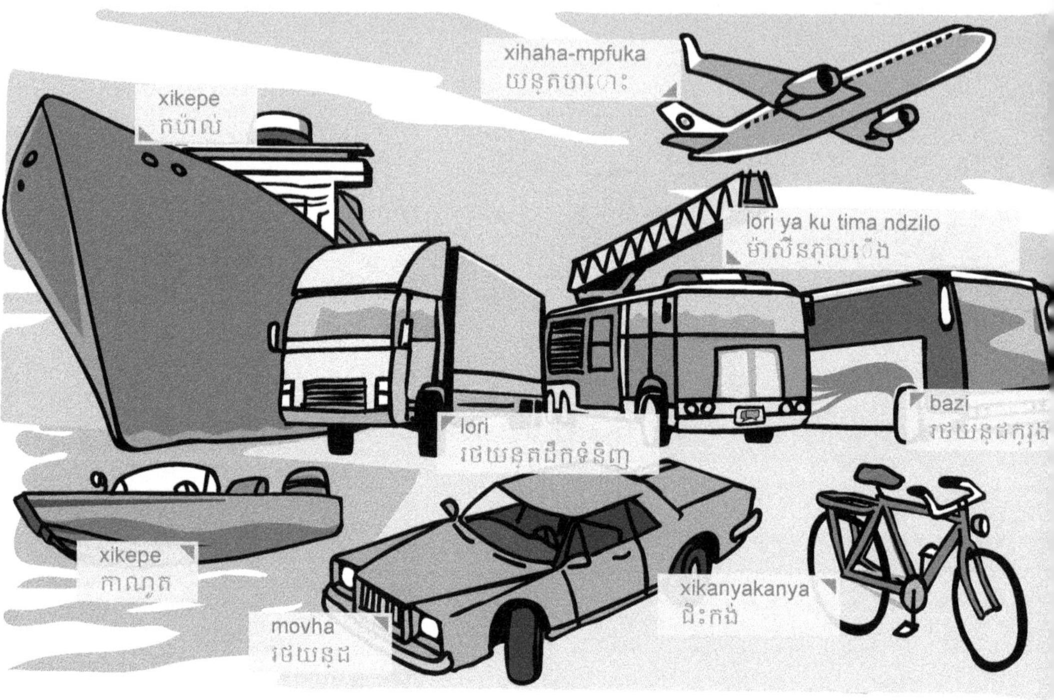

xihaha-mpfuka
យន្តហោះ

xikepe
កប៉ាល់

lori ya ku tima ndzilo
ម៉ាស៊ីនពន្លត់ភ្លើង

bazi
រថយន្តក្រុង

lori
រថយន្តដឹកទំនិញ

xikepe
កាណូត

movha
ឡាន

xikanyakanya
ជិះកង់

xikepe
សាឡាង

xikepe
ទូក

xithuthuthu
ម៉ូតូ

movha wa maphorisa
រថយន្តប៉ូលីស

movha wa mphikizano
រថយន្តប្រណាំង

movha yo lombiwa
រថយន្តជួល

ku avelana hi movha
ការចែករំលែករថយន្ត

lori yo koka timovha
ឡានសុទ្ទច

lori yo rhwala chaka
ឡានបុរមួលសំរាម

njhini
ម៉ូតូ

mafurha
បុរេងឥន្ធនៈ

ndhawu yo xavisa petirolo
ស្ថានីយបុរេង

mpfungo wa le patwini
រ្លាកសញ្ញាចរាចរណ៍

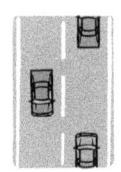
mafambelo ya mimovha
ការធុរវើចរាចរណ៍

ntlimbano wa timovha
កកស្ទះចរាចរណ៍

phaki ya timovha
ចំណត

xitichi xa xitimela
ស្ថានីយរថភ្លើង

mintila
ផ្លូវដែក

xitimela
រថភ្លើង

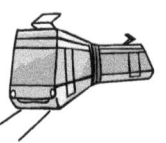
banzi leri fambaka exiporweni
រថអគ្គីសនី

kalichi
ទូរថភ្លើង

swilo swo famba - ការដឹកជញ្ជូន

xihaha-mpfuka-phatsa
ឧទុមភាគចក្រ

rivala ra siwhaha-mpfuka
ពរលានយន្តហោះ

xihondzo
ប៉ម

mukhandziyi
អ្នកដំណើរ

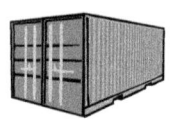
bokisi
កុងតឺន័រ

bokisi
កេរដាសកាតុង

kalichi
រទេះ

xirhundzi
កញ្ចប់

suka / tshama
ហោះឡើង / ចុះ

doroba
ទីក្រុង

muti
ភូមិ

nkava wa doroba
កណ្តាលទីក្រុង

yindlu
ផ្ទះ

bayiskopo
រោងភាពយន្ត

vunavetisi
ការផ្សព្វផ្សាយ

rivoni ra le xitarateni
ចង្កៀងតាមដងផ្លូវ

xitarata
ផ្លូវ

thekisi
តាក់ស៊ី

xitolo xa swakudya swo khomisa nyoka.
ហាងអាហារសម្រន់

munhu wo famba hi
អ្នកឆ្លមរងផ្លូវ

xitarata
ចិញ្ចើមផ្លូវ

xihan ndhawu yo famba vanhu a xitarateni
ផ្លូវ គំនូសឆ្លងកាត់

bini
ធុង

tiroboto
ភ្លើងសញ្ញាចរាចរណ៍

xiyindlwana xa byanyi
ខ្ទម

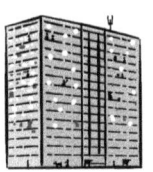

yindlu
ផ្ទះល្វែង

xitichi xa xitimela
ស្ថានីយរថភ្លើង

holo ya vanhu
សាលាក្រុង

muziyamu
សារមន្ទីរ

xikolo
សាលារៀន

doroba - ទីក្រុង

univhesiti

សាកលវិទ្យាល័យ

bangi

ធនាគារ

xibedlhele

មន្ទីរពេទ្យ

hotele

សណ្ឋាគារ

xitolo xa miri

ឱសថស្ថាន

hofisi

ការិយាល័យ

xitolo xa tibuku

ហាងលក់សៀវភៅ

xitolo

ហាង

xitolo xa swiluva

ហាងផ្កា

xitolo le xikulu swinene

ផ្សារទំនើប

makete

ទីផ្សារ

xitolo le xikulu

ហាងទំនិញ

xitolo xa tinhlampfi.

ហាងលក់ត្រី

ndhawu ya switolo

មជ្ឈមណ្ឌលផ្សារទំនើប

hlaluko

កំពង់ផែ

phaka
ឧទ្យាន

bence
បង្គង់

buloho
ស្ពាន

switepisi
ជណ្តើរ

ehansi ka misava
ផ្លូវក្រោមដី

muhocho
ផ្លូវរូងក្រោមដី

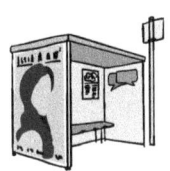
xitichi xa tibanzi
ចំណតរថយន្តក្រុង

barha
បារ

rhesiturente
ភោជនីយដ្ឋាន

bokisi ra poso
ប្រអប់សំបុត្រ

mfungho wa xitarata
សញ្ញាតាមដងផ្លូវ

muchini wa mali ya ku phaka
ឧបករណ៏ប៉ូម៉ែលចូលចំណត

ntanga wa swiharhi
សួនសត្វ

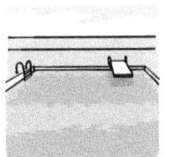
damu ro xambela
អាងហែលទឹក

mosque
វិហារអ៊ីស្លាម

purasi
កសិដ្ឋាន

nthyakiso
ការបំពុល

masirha
វាលកប់ខ្មោច

kereke
ព្រះវិហារ

rivala ra mintlangu
គ្រឿងអំលីកុមងេលេង

tempele
បុរាសាទ

ndhawu
ទេសភាព

tluka
ស្លឹក

mfungho wa gondzo
សញ្ញាមួយរាប់ទិសដៅ

ndlela
ផ្លូវ

byanyi byo tala
វាលស្មៅ

ribye
ដុំថ្ម

munhu wo khandziya tintshava
អ្នកឡេីងភ្នំ

murhi
ដេីមឈេី

nambu
ទន្លេ

byanyi
ស្មៅ

xiluva
ផ្កា

nkova
ជ្រលងភ្នំ

xitsunga
កូនភ្នំ

tiva
បឹង

khwati
ព្រៃឈើ

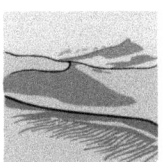
mananga
វាលខ្សាច់

volkheno
ភ្នំភ្លើង

ntsinda
តម្រោកូរបី

nkwangulatilo
ឥន្ទធនូ

swikowa
ផ្សិត

murhi wa nchindzu
ដើមត្នោត

nsuna
មូស

haha
រុយ

vusokoti
ស្រមោច

nyoxi
សត្វឃ្មុំ

puma
ពីងពាង

ndhawu - ទេសភាព

xifufunhunu
សត្វកញ្ចែចៃ

chele
កង្កែប

maxindyana
កំប្រុក

nhloni
សត្វកាំបូរមា

mfundla
ទន្សាយស្លឹក

xikhova
សត្វទីទុយ

xinyenyane
បក្សី

sekwa
ហង្ស

ngluve ya nhova
ជ្រូក

mhunti
សត្វក្តាន់

mhofu
សត្វក្តាន់

damu
ទំនប់

xipelupelu xa moya
កង្ហាខ្យល់

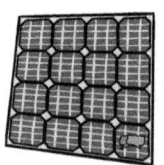
bodo leyi tswongaka kuhisa ka dyambu
បន្ទះស៊្យូឡា

maxelo
អាកាសធាតុ

ndhawu - ទេសភាព

rhesiturente

ភោជនីយដ្ឋាន

muphameri
អ្នករត់តុ

nxaxamelo wa swakudya
ម៉ឺនុយ

xitulu
កៅអី

pizza
ភីហ្សា

sopo
ស៊ុប

swibya
កាំបិត

lapi ra tafula
កម្រាលតុ

swakudya swa ku naveta
អាហារសម្រន់

swakudya
អាហារសំខាន់

swo rhelerisa
បង្អែម

swakunwa
ភេសជ្ជៈ

swakudya
អាហារ

bodlhela
ដប

swakudya swa xihatla
អាហារហើស

swakudya swa le ndleleni
អាហារតាមផ្លូវ

mbita ya tiya
ប៉ាន់តែ

xibye xa chukela
ប័រអប់ស្ករ

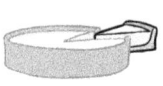
xiphemu
ចំណិតកែ

muchini wa espresso
ម៉ាស៊ីនតុងកាហារអេចស្ពូរេស្ស

xitulu xa le henhla
កៅអីខ្ពស់

swikweleti
វិក្កយបត្រ

thireyi
ថាស

mukwana
កាំបិត

foroko
សម

lepula
ស្លាបព្រា

xilepulana
ស្លាបព្រាកាហារ

phepha ro sula nomu
កន្សែងជូតខ្លួន

nghilazi
កែវ

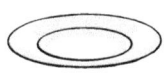
pleti
ចានទាប

pleti ya sopo
ចានស៊ុប

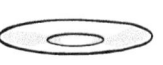
sosara
ចានទូរនាប់

murhu
ទឹកជ្រលក់

xilo xo chele munyu
ដបអំបិល

xilo xo gaya
ប្រដាប់កិនម្រេច

vhiniga
ទឹកខ្មេះ

mafurha
ប្រេង

swinyunyeteri
គ្រឿងទេស

ketchup
ទឹកប៉េងប៉ោះ

mustard
ម៉ូតាក

mayonasi
ទឹកមយ៉ូណេរ

rhesiturente - ភោជនីយដ្ឋាន

xitolo le xikulu swinene
ផ្សារទំនើប

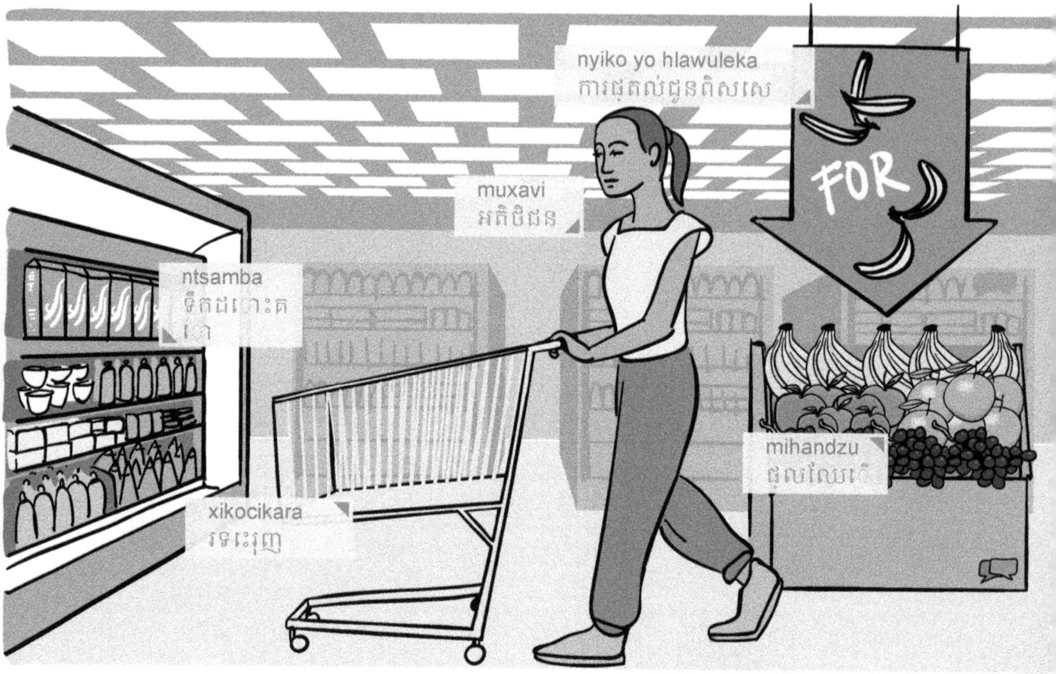

- nyiko yo hlawuleka / ការផ្តល់ជូនពិសេស
- muxavi / អតិថិជន
- ntsamba / ទឹកដោះគោ
- xikocikara / រទេះរុញ
- mihandzu / ផលឈើ

buchara
ហាងកាប់ជ្រូក

bekari
ហាងដុតនំ

ringanyeta
ជញ្ជីង

swimila
បន្លែ

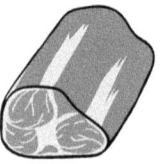

nyama
សាច់

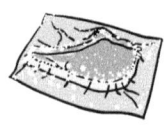

swakudya swo titimela
អាហារកុលាស្សរ

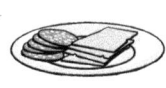
nyama
សាច់គោណាសរ

swakudya leswi nga thinini
អាហារកំប៉ុង

mapa yo hlanswa
មុសរេវាលាង

malekere
សុអរគ្រាប់

switirhisiwa swa le ndlwini
ផលិតផលក្នុងគួរសារ

swilo swo basisa
ផលិតផលសម្អាត

munhu wo xavisa
អ្នកលក់

thili
ថតដាក់លុយ

muamukeli wa timali
បេឡា

xaxamelo wa swo xaviwa
បញ្ជីទិញទំនិញ

nkarhi wa ku tirha
ម៉ោងធ្វើការ

nkwama wa mali
កាបូបលុយបុរស

khadi ra xikweleti
ភាតឥណទាន

nkwama
ថង់

nkwama wa pulasitiki
ថង់បួលាសុទិច

swakunwa
ភេសជ្ជៈ

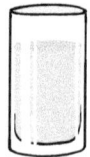

mati
ទឹក

ntsutsu
ទឹកដុសឈើ

meleke
ទឹកដោះគោ

coke
កូកាកូឡា

vhinyo
ស្រា

byalwa
ស្រាបៀរ

byala
គ្រឿងស្រវឹង

cocoa
កាកាវ

tiya
តែ

kofi
កាហ្វេ

espresso
កាហ្វេអិចស្ព្រេស្សូ

cappuccino
កាហ្វេកាពូឈីណូ

swakudya
អាហារ

banana
ចេក

apula
ផ្លែប៉ោម

lamula
ផ្លែក្រូច

kalabatla
ឪឡឹក

swiri
ក្រូចឆ្មា

kherotsi
ការ៉ុត

swinyalana
ខ្ទឹម

musengele
ឫស្សី

nyala
ខ្ទឹមបារាំង

swikowa
ផ្សិត

timanga
គ្រាប់ផ្លែឈើ

makaroni ya nyama
មី

spaghetti
មីអីតាលី

rhayisi
ហាយ

saladi
សាឡាត់

machipisi
ដំឡូងចៀន

nhlata wo katingiwa
ដំឡូងចៀន

pizza
ភីហ្សា

hamburger
ប៊ីហុគី

xinkwa
សាំងវិច

cutlet
សាច់ជាប់ឆ្អឹងជំនី

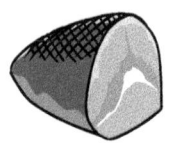

ham
ហាំ

salami
សាឡាម៉ី

soseji
សាច់ក្រក

huku
សាច់មាន់

katinga
អាំង

hlampfi
ត្រី

swakudya - អាហារ

oats
អាវែនបបរ

muesli
មុជលិស្លី

rivele-ndzoho
ដំឡូងចំណិត

filawa
មុសៅ

bantsi
នំគួរសង់

xinkwa
នំប៉័ងមួយាំងមូលតូចៗ

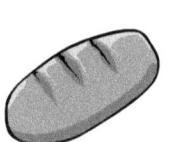
xinkwa
នំប៉័ង

xinkwa xo oxiwa
អាំង

makokisi
នំប៊ីសុគី

botere
បឺរ

ribomba ra tswamba
ទឹកដោះខាប់

khekhe
នំខេក

tandza
ស៊ុត

matandza lama katingiweke
ស៊ុតចៀន

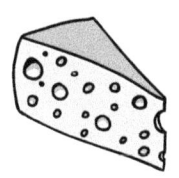
chizi
ឈ៊ីស

swakudya - អាហារ

ayisi khrimi
ការមេ

chukela
ស្ករ

vulombe
ទឹកឃ្មុំ

jamu
ជំណាប់

botere ya chokoleti
កូរ៉ែមតាំងម៉ៃ

curry
ការី

swakudya - អាហារ

purasi
កសិដ្ឋាន

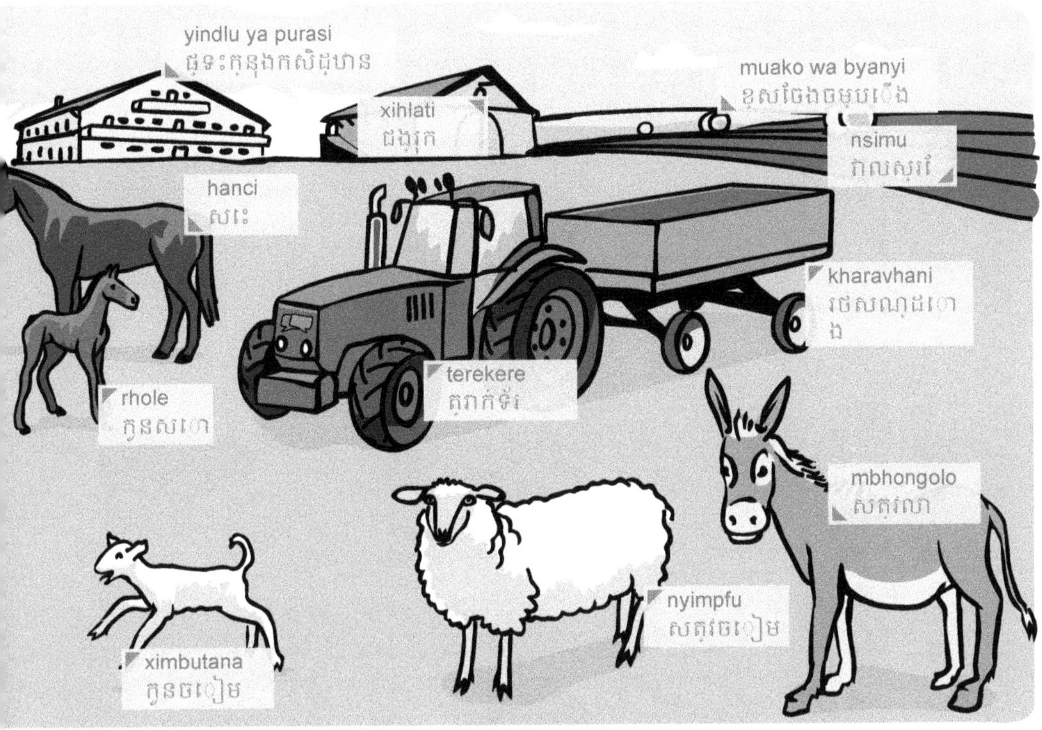

yindlu ya purasi
ផ្ទះក្នុងកសិដ្ឋាន

muako wa byanyi
ខ្លួសចែងចម្មបេីង

xihlati
ជង្រុក

nsimu
វាលស្រែ

hanci
សេះ

kharavhani
រទេះណុដេា

rhole
កូនសេះ

terekere
តូរាក់ទំរ

mbhongolo
សត្វលា

nyimpfu
សត្វចៀម

ximbutana
កូនចៀម

mhunti
ពពែ

homu
គោញី

rhole
កូនគោ

nguluve
ជ្រូក

xingulubyana
កូនជ្រូក

nkuzi
គោឈ្មោល

sekwa
សត្វក្ងាន

sweka
ទា

xikukwana
កូនមាន់

mbhaha
មមោន់

nkuku
មាន់ឈ្មោល

kondlo
កណ្តុរ

ximanga
ឆ្មា

kondlo
កណ្តុរដុំបូរមេះ

homu
គោឈ្មោល

mbyana
ឆ្កែ

yindlu ya mbyana
ផ្ទះឆ្កែ

payipi ya mati
ទុយោទឹក

xilo xo chelela mati
ធុងស្រោចទឹក

nsimbi yo tsema
ខូវែបក

xikomu
នង្គ័ល

purasi - កសិដ្ឋាន

sikele
កណ្ដៀវ

xikomu
ចបកាប់

foroko le yikulu
រនាស់

xihloka
ពូថៅ

bara
រទេះរុញ

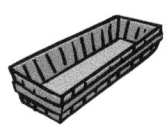

xitsengele
ស្នូក

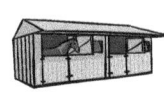

xilo xo chela ntswamba
កំប៉ុងទឹកដោះគោ

saka
បាវ

rirhangu
របង

xivala
កូរៅល

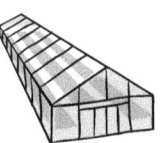

yindlu ya vuhlayiselo bya swimilana
ផ្ទះកញ្ចក់

misava
ដី

mbewu
គ្រាប់ពូជ

swinonisi
ជី

muchini wa ku tshovela
ម៉ាស៊ីនបូរម្លួលផល

purasi - កសិដ្ឋាន

tshovela
ប៊ូរម៉ូលផល

ntshovelo
ការប៊ូរម៉ូលផល

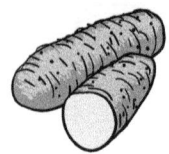

mintsumbula
ដំឡូងជួក

koroni
ស្រូវសាលី

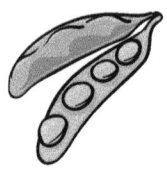

tinyawa
សណ្ដែកសៀង

nhlata
ដំឡូងជួក

koroni
ពោត

rapeseed
គ្រាប់ប្ូរងវៃ

nsinya wa mihandzu
ដើមឈើហូបផ្លែ

ntsumbula
ដំឡូងមី

swakudya swa tidzoho
ចញ្ញជាតិ

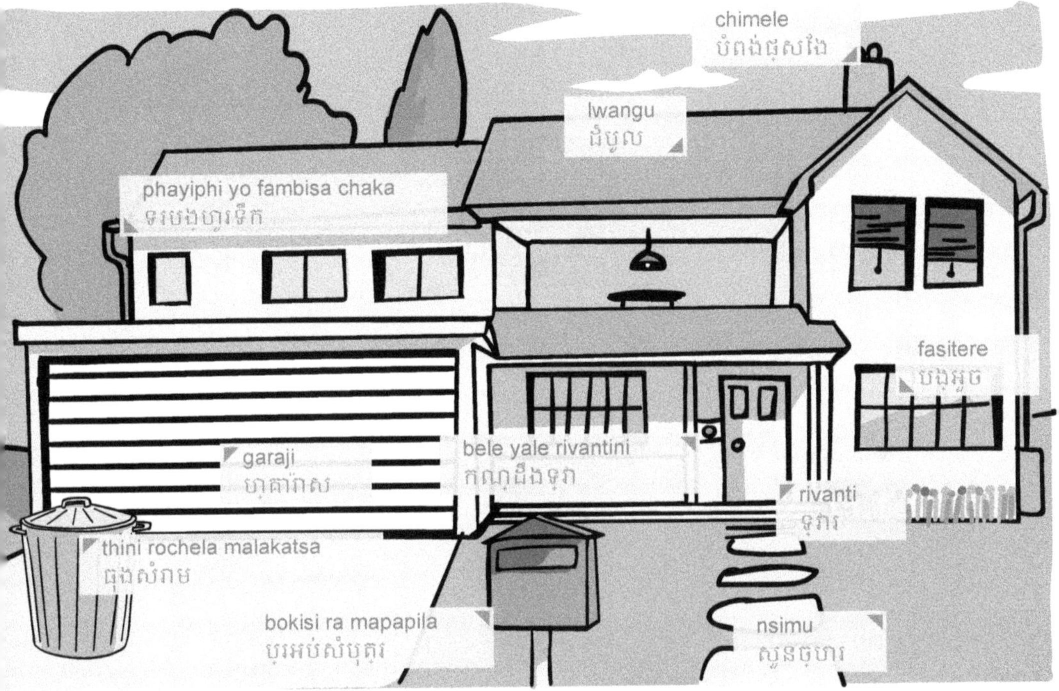

yindlu
ផ្ទះ

chimele
បំពង់ផ្សែង

lwangu
ដំបូល

phayiphi yo fambisa chaka
ទរបង្ហូរទឹក

fasitere
បង្អួច

garaji
ហ្គារ៉ាស

bele yale rivantini
កណ្ដឹងទូរ

rivanti
ទូរ

thini rochela malakatsa
ធុងសំរាម

bokisi ra mapapila
ប្រអប់សំបុត្រ

nsimu
ស្ងួនច្បារ

kamara ro tshama
បន្ទប់ទទួលភ្ញៀវ

kamara yo hlambela
បន្ទប់ទឹក

khishini
ផ្ទះបាយ

kamera ro etlela
បន្ទប់គេង

kamana ya vana
បន្ទប់របស់កុមារ

ndhawu yo dyela
បន្ទប់ទទួលទានអាហារ

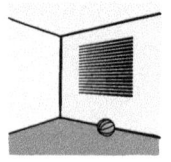

ehansi
ជាន់

khumbi
ជញ្ជាំង

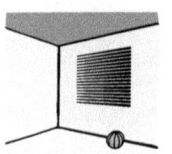

silingi
ពិដាន

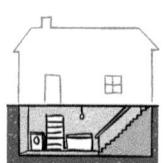

kamera ra le hansi
បន្ទប់ក្រោមដី

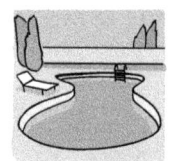

phungula
សូណា

rikupakupa
យ៉រ

tshala
ផ្ទៃវែបសុមរ៉េនទៅដមរាលក្នុង

damu
អាងហាលែទឹក

muchini wo tsema byanyi
ម៉ាស៊ីនកាត់សុមទៅ

nkumba
សនលឹក

swo andlalela mubedo
កម្រាលគូរដែកេ

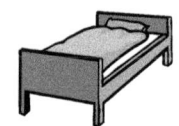

mubedo
គូរេ

nkukulu
អំបោស

bakiti
ធុង

swichi
កុងតាក់

yindlu - ផ្ទះ

kamara ro tshama
បន្ទប់ទទួលភ្ញៀវ

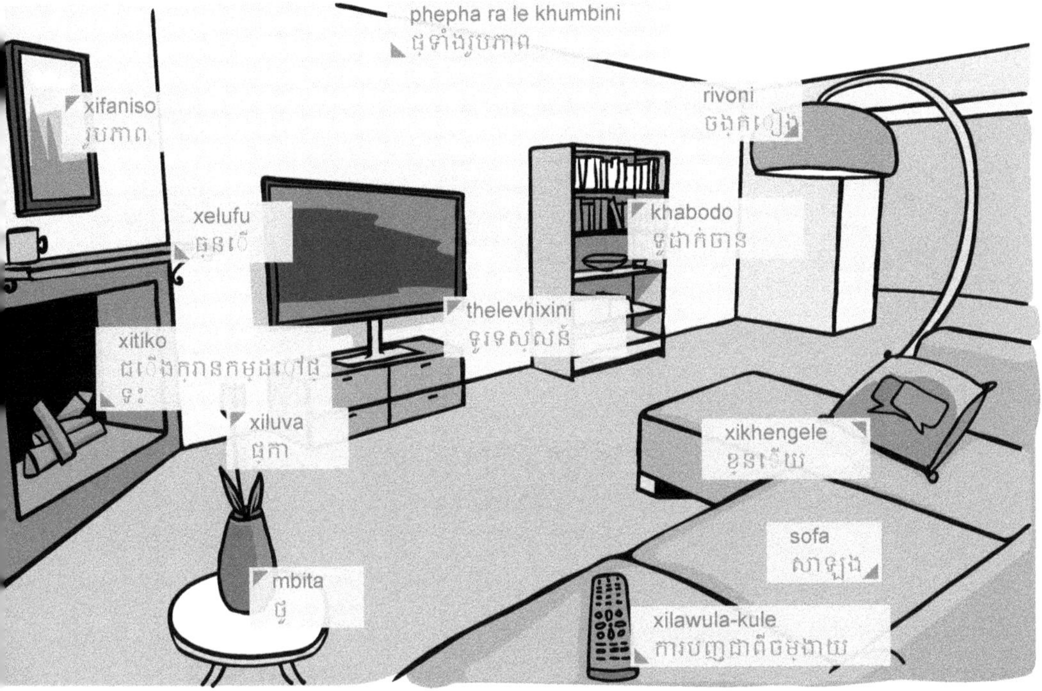

- phepha ra le khumbini — ផ្ទាំងរូបភាព
- xifaniso — រូបភាព
- xelufu — ធ្នើរ
- xitiko — ជើងក្រានកម្ដៅផ្ទះ
- xiluva — ផ្កា
- mbita — ថូ
- rivoni — ចង្កៀង
- khabodo — ទូដាក់ចាន
- thelevhixini — ទូរទស្សន៍
- xikhengele — ខ្នើយ
- sofa — សាឡុង
- xilawula-kule — ការបញ្ជាពីចម្ងាយ

khapete
កម្រាលព្រំ

khethenisi
វាំងនន

tafula
តុ

xitulu
កៅអី

xitulu xo mbuwetela
កៅអីយោលកប់បើក

xitulu xo tlhandleka mavoko
កៅអីកូនាក់ដៃ

buku
សៀវភៅ

nkumba
ភួយ

nkhaviso
ការតុបតែង

tihunyi
អុសដុត

filimi
ខ្សែភាពយន្ត

muchini wa hi-fi
ឧបករណ៍ Hi-Fi

xinotlelo
កូនសោ

phepha-hungu
កាសែត

xifaniso lexi vatliweke
គំនូរ

bodo ya xifaniso
ផ្ទាំងរូបភាព

xiya-ni-moya
វិទ្យុ

buku yo tsala tinhla
ណូតផេគ

hoover
ម៉ាស៊ីនបូមធូលី

xiluva xa cactus
ជំបងយកុស

khandlela
ទៀន

kamara ro tshama - បន្ទប់ទទួលភ្ញៀវ

khishini
ផ្ទះបាយ

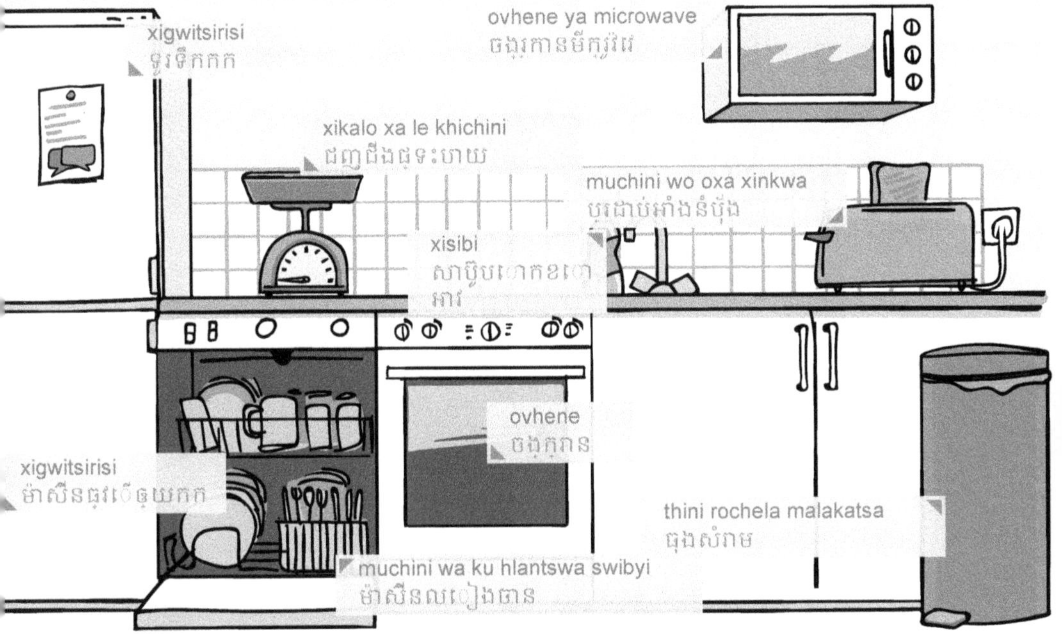

xigwitsirisi
ទូរទឹកកក

ovhene ya microwave
ចង្រ្កានមីក្រូវែវ

xikalo xa le khichini
ជញ្ជីងផ្ទះបាយ

muchini wo oxa xinkwa
ឧបករណ៍អាំងនំប៉័ង

xisibi
សាប៊ូលាងចាន

ovhene
ចង្រ្កាន

xigwitsirisi
ម៉ាស៊ីនលាងចានយកកក

thini rochela malakatsa
ធុងសំរាម

muchini wa ku hlantswa swibyi
ម៉ាស៊ីនលាងចាន

mosweki

ចង្រ្កាន

poto

ឆ្នាំង

poto ra nsimbi

ឆ្នាំងដែក

mbita yo swekela / kadai

ខ្ទះ / ខ្ទះឥណ្ឌា

pani

ខ្ទះ

ketlele

កំសៀវ

khishini - ផ្ទះបាយ

xo sweka hi nkahelo
តុនាំងចំហុយ

thireyi ya ku baka
ថាសដុតនំ

swibya
គ្រឿងចានតុនាំងដ៏

xikomichana
ផ្ងូ

ximbitana
ចានគតោម

ti-chopstick
ចងកឹះ

xipunu
វែកសមុល

spatula
វែកគួរ

muchini wo hlanganisa
ប្រដាប់វាយគ្រួឡូក

sefo
តម្រង

xisefo
កន្ត្រង

xilo xo tsemelela
ប្រដាប់កោសដូង

xibye
គុបាល់

nyama yo oshiwa
ការរាំងសាច់

ndzilo
ចង្ក្រានចំហ

khishini - ផ្ទះបាយ

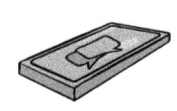

bodo ya ku tsemelela
ជូរញ៉

mhandzi yo andlala fulawa
បូរដាប់កិនមូរ

xo pfula mabodlhela
បូរដាប់មូររបើកគុកនុកស្រា

thini
កំប៉ុង

xo pfula mathini
បូរដាប់បរើកកំប៉ុង

xo khoma poto
កុរណាត់ទុរាប់ភុនាំង

zinki
កនុលងែលាងចាន

buracha
ជក់

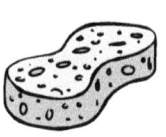

xiponci
អប៉ុង

xilo lexi hlanganiselaka
ម៉ាស៊ីនកុរឡុក

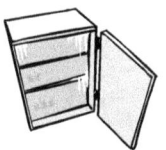

xigwitsirisi
ទូរទឹកកកខុរនាតគូច

bodlhela ra n'wana
ជបទឹកដពោះគោ

pompi
រ៉ូបីណេរ

khishini - ផ្ទះបាយ

37

kamara yo hlambela
បន្ទប់ទឹក

shawara
ផ្កាឈូក

kukufumeta
កម្ដៅ

thawula
កន្សែង

khethenisi ra shawara
រាំងននងួតទឹកផ្កាឈូក

xisibi xo hlambela a bavhini
ការងូតទឹកពុះ

bavhu
អាងងូតទឹក

nghilazi
កព្វែ

muchini wa ku hlantswa
ម៉ាស៊ីនបោកគក់

pompi
រូបីណេ

tithayilisi
កម្រាលក្របឿង

xihambukelo
ចានបង្គន់

zinki
កន្លែងលាងចាន

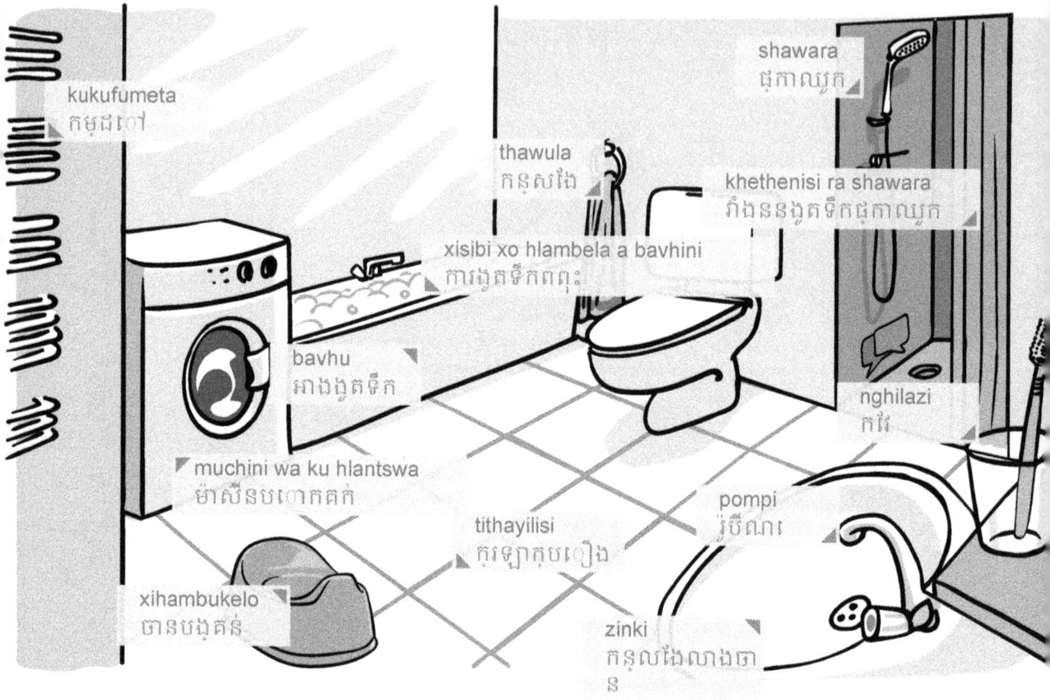

xihambukelo
បង្គន់

xihambukelo
បង្គន់អង្គុយ

bidet
ជម្រោះជម្រះកាយ

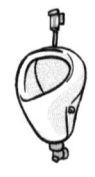

ndhawu yo tsakamisela
កន្លែងទឹកនោម

papila ra xihambukelo
ក្រដាសបង្គន់

burachi bya xihambukelo
ច្រាសដុសបង្គន់

kamara yo hlambela - បន្ទប់ទឹក

burachi bya meno
ច្រាសដុសធ្មេញ

xisibi xa meno
ថ្នាំដុសធ្មេញ

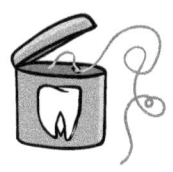

xo basisa exikarhi ka meno
ខ្សែទោរសម្រាប់អាតធ្មេញ

hlamba
លាង

xawara yo khomiwa hivoko
បរដាប់ដាក់ដៃកាឈូក

douche
ទឹកធ្នាំសម្រាប់បាញ់លាង

xihlambelo
អាង

buracha ra nhlana
ច្រាសដុសខ្នង

xisibi
សាប៊ូ

xisibi xa xawara
សែសម្រាប់ងូតទឹកដុសកាឈូក

shampoo
សាប៊ូ

swilapana
សកុលាត

xinambyana
បំពង់បង្ហូរទឹក

rivomba
គុរមែ

xinhuherisi
ថ្នាំបំបាត់ក្លិនអាគុរក់

kamara yo hlambela - បន្ទប់ទឹក

xivoni
កញ្ចក់

xivoni xo khomiwa hivoko
កញ្ចក់ដៃ

rikarhi
ប្រដាប់កោរ

xisibi so susa malevu
ហ្វូមកោរពុកមាត់

mafurha ya kutola loku u heta ku tsemeta malevu
ទឹកលាងកូរោយកកោរពុកមាត់រូច

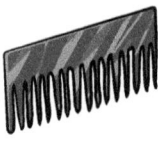

kama
ក្រាស

buracha
ជក់

muchini wo omisa mosisi
ប្រដាប់សម្ងួតសក់

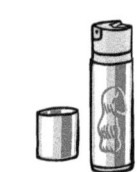

mafurha yo tola mosisi
សុីផ្សាយហាញ់សក់

xo tisasekisa
ការតុបតែងមុខ

xotota nomo
ក្រែមលាបមាត់

xo tota minwala
ថ្នាំលាបក្រចក

kotoni
រោមកប្បាស

xo tsema minwala
កន្ត្រៃកាត់ក្រចក

xinhuherisi
ទឹកអប់

kamara yo hlambela - បន្ទប់ទឹក

nkwama wa le xihambuketweni
កាបូបបែកតិតក

nchuluko
ឆាមក

xikalo
ជញ្ជីងចូលឹងទម្ងន់

nguvu yo hlamba
អាវពាក់ងូតទឹក

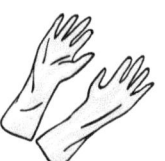

tiglovhu ta raba
ស្រោមដៃកៅស៊ូ

tampon
តុនុក

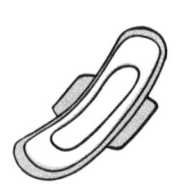

thawula ra ku basisa
កន្សែងអនាម័យ

xihambukelo xa le handle
បង្គន់តឹមី

kamara yo hlambela - បន្ទប់ទឹក

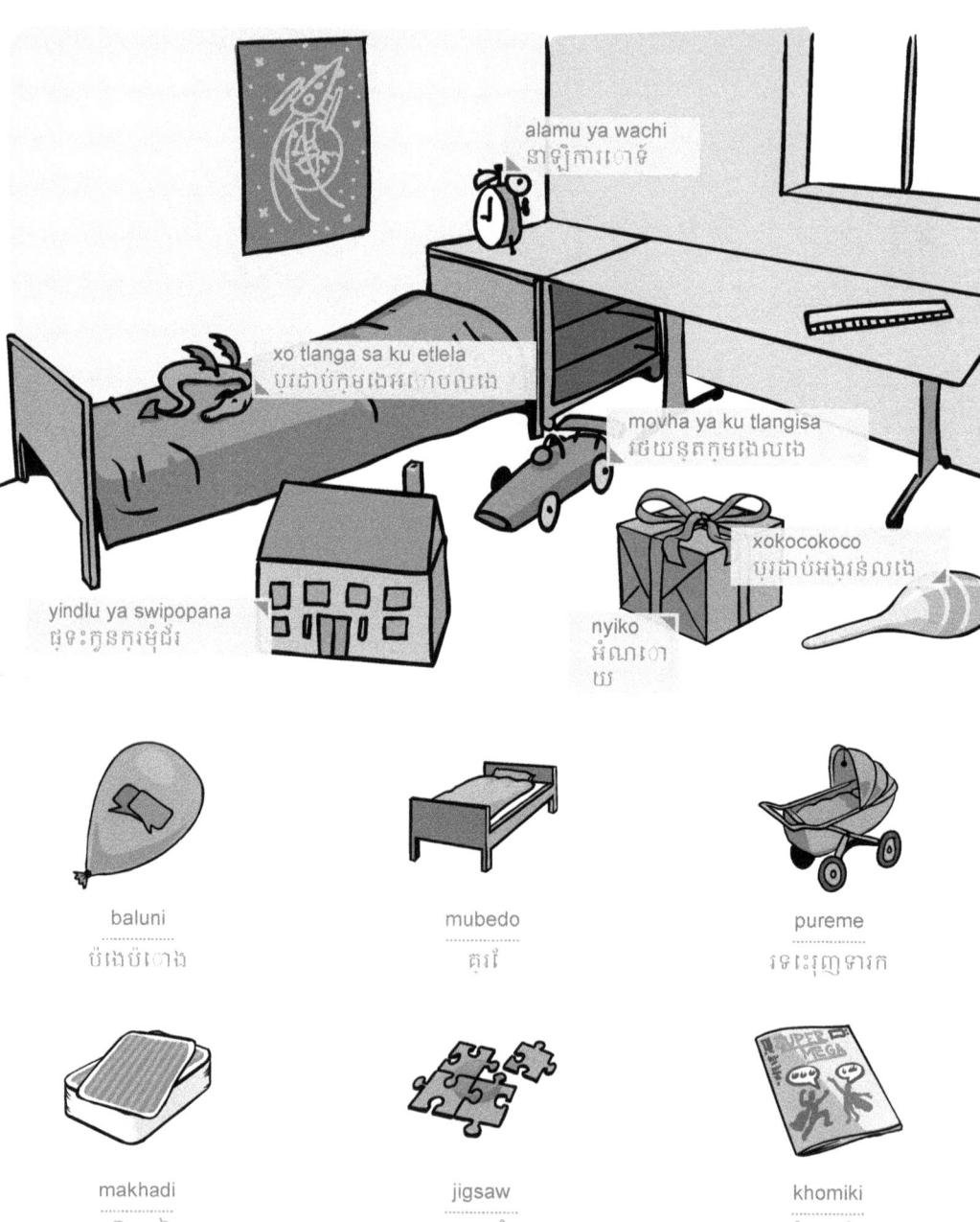

switina swa lego
ឡេហ្គូ Lego

swiaki
បុលុកបុរដាប់កុមរងលេង

xo tlanga xa vana
គូលខេសកម្មភាព

swiambalo swa nwana
ខោអាវទារក

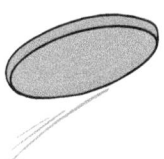

Frisbee
ការគប់ចាស

mobile
មូរស៊ីព្ទូដរ៏

ntlango wa le bodweni
ក្តារល្បែងវៃ

dayisi
គ្រាប់ឡុកឡាក់

xitimela xo tlanga
ឈុតរថភ្លើងត័ុរ

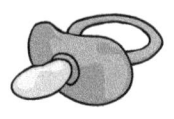

xo tlangisa vana
រូបសំណាក

nkhuvo
គណបកុស

buku ya swifaniso
សរៀវភៅរូបភាព

bolo
បាល់

xipopana
កូនក្រមុំតុកកតា

tlanga
លេង

kamana ya vana - បន្ទប់របស់កុមារ

khele ra sava
រណាំងលេខសាច់

muchinginya
ទោង

swilo swo tlangisa
បុរងាប់កុមងែលងែ

mintlango ya vhidiyo
កុងស៊ូលវីដេអូហ្គេម

xithuthuthu xa mivhilwa manharhu
គ្រីចក្រយានយន្ត

tibere to tlangisa
តុក្កតាខ្លាឃ្មុំ

wadirobo
ទូខោអាវ

---

swiambalo
សម្ភារៈសំលៀកបំពាក់

masokisi
ស្រោមជើង

masokisi
ស្រោមជើងវែង

buruku byo tlimba
ខោទ្រនាប់នារី

swiambalo - សម្ភារៈសំលៀកបំពាក់

miri
រាងកាយ

maburuko
ខោវែង

bokati
ខោខូវប៊យ

xiketi
សំពត់

bulawusi
អាវកុះពៅ

hembe
អាវ

jesi
អាវយឺត

jazi ro fingeneta nhloko
អាវយឺត

buleyizara
អាវធំ

baji
អាវកុះពៅ

nghuvo
អាវធំ

jazi rampfula
អាវភ្លៀងរៀង

swiambalo
គូរឿងតៃ

swiambalo
អាវរៃ

rhoko ya mucato
សំលៀកបំពាក់អាពាហ៍ពិពាហ៍

sudu
ខោអាវលេខុត

xiambalo xo etlela
រូបភាគរី

swi ambalo swo etlela
ឈុតតង៉

sari
សារី

xikhafu
កន្សែងជួតក្បាល

duku
ឥន្នួត

burqa
សុបម៉ៃខ

swi ambalo
kaftan

abaya
abaya

swiambalo swo hlambela
ឈុតហាលេទឹក

maburuko ya le ndzeni
ខោខ្លី

buruku ro koma
ខោខ្លី

tracksuit
ឈុតហាត់កីឡា

fasikoti
អាវអេៀម

maglilavhu
ស្រោមដៃ

swiambalo - សម្លៀកបំពាក់

kunupu
ឡេវរាវ

manghilazi ya mahlo
វែនតា

sindza
ខ្សែដៃ

vuhlalu
ខ្សែក

xingwaxila
ចិញ្ចៀន

vo sasekisa tindleve
កុវិល

kepisi
មួក

hangara ya nghuvo
បរដាប់ពួយអាវក្រៅ

xigqoko
មួក

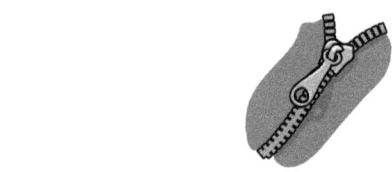

thayi
ក្រវាត់ក

zipi
រូត

xihuku
មួកសុវត្ថិភាព

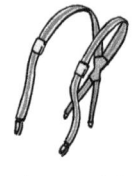

minxongotelo
ខ្សែរ៉

swiambalo swa xikolo
ឯកសណ្ឋានសាលា

yunifomo
ឯកសណ្ឋាន

swiambalo - សម្លៀកបំពាក់

bibi
អារៀមទារក

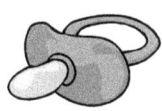
xo tlangisa vana
របស់ណាក

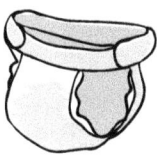
leyiri
ខោទឹកនោម

hofisi
ការិយាល័យ

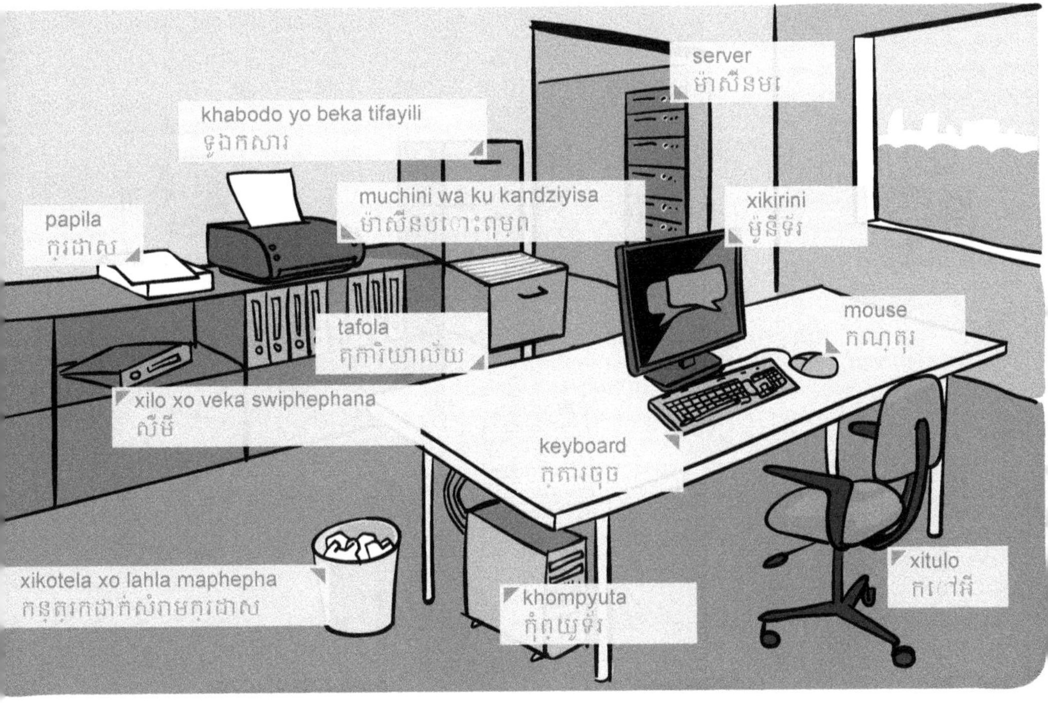

papila
ក្រដាស

khabodo yo beka tifayili
ទូងកសារ

muchini wa ku kandziyisa
ម៉ាស៊ីនបោះពុម្ព

server
ម៉ាស៊ីនមេ

xikirini
ម៉ូនីទ័រ

tafola
តុការិយាល័យ

mouse
កណ្តុរ

xilo xo veka swiphephana
ស៊ីឌី

keyboard
ក្តារចុច

xikotela xo lahla maphepha
កន្ត្រករាក់សំរាមក្រដាស

khompyuta
កំព្យូទ័រ

xitulo
កៅអី

bikiri ra kofi
កាវកាហ្វេ

muchini wo hlaya
ម៉ាស៊ីនគិតលេខ

internet
អ៊ីនធឺណិត

laptop
កុំព្យូទ័រយួរដៃ

papila
លិខិត

rungula
សារ

foni
ទូរស័ព្ទដៃ

network
បណ្តាញ

muchini wo endla tikopi
ម៉ាស៊ីនថតចម្លង

progreme ya khompyuta
សូហ្វវែរ

riqingho
ទូរស័ព្ទ

pulagi ya gezi
រន្ធដោត

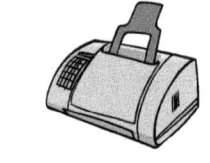
muchini wo rhumela rungula
ម៉ាស៊ីនទូរសារ

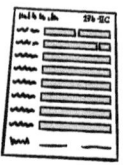
fomo
ទម្រង់បែបបទ

papila
ឯកសារ

hofisi - ការិយាល័យ

ikhonomi
សេដ្ឋកិច្ច

xava
ទិញ

hakela
បង់ប្រាក់

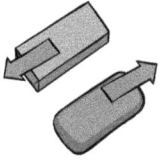
xavisa
ជួរពើជំនួញ

mali
លុយ

dolara
ប្រាក់ដុល្លារ

euro
ប្រាក់អឺរ៉ូ

yen
ប្រាក់យ៉េន

rouble
ប្រាក់រូបិល

Swiss franc
ហ្វ្រង់ស្វីស

renminb yuan
ប្រាក់យ័ន

rupee
ប្រាក់រូពី

muchini wa mali
កុនុលដែបូរប៉េសាច់ប្រាក់

ndhawu yo cinca mali
ការិយាល័យបូរបុរាក់

nsuku
មាស

silivhere
ប្រាក់

mafurha
ប្រេង

matimba
ថាមពល

hakelo
តម្លៃ

ntwanano
កិច្ចសន្យា

xibalo
ពន្ធ

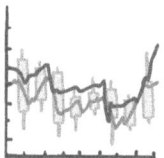
nundzu ya timali
ភាគហ៊ុន

tirha
ធ្វើការ

mutirhi
បុគ្គលិក

mothorhi
និយោជក

fektri
រោងចក្រ

xitolo
ហាង

ikhonomi - សេដ្ឋកិច្ច

mintirho
មុខរបរ

phorisa
មនុត្រីប៉ូលីស

mutimi wa ndzilo
អ្នកពន្លត់អគ្គិភ័យ

musweki
ចុងភៅ

dokodela
វេជ្ជបណ្ឌិត

muhahisi
អ្នកបរើកយន្តហោះ

muhlayi wa ntanga

អ្នកចម្ការ

muvatli

ជាងឈើ

murungi

ជាងកាត់ដេរ

muavanyisi

ចៅក្រម

xitshunguri

គីមីវិទូ

mutlangi

តួកុន

muchaeri wa tibazi
អ្នកបើកឡានក្រុង

muchayeri wa thekisi
អ្នកបើកតាក់ស៊ី

muphasi wa tinhlampfi
អ្នកនេសាទ

wansati wa ku basisa
សុត្តីអ្នកសម្អាត

mufuleri
ជាងដំបូល

muphameri
អ្នករត់តុ

muhloti
អ្នកបរបាញ់សត្វ

mupendi
វិចិត្រករ

mubaki
អ្នកដុតនំ

mutivi wagezi
ជាងអគ្គីសនី

muaki
ជាងសំណង់

munjiniyara
វិស្វករ

muxavisi wa nyama
អ្នកកាប់សាច់

muplambara
ជាងផ្គួសដុលទុយោទឹក

muheleketi wa poso
អ្នករត់សំបុត្រ

mintirho - មុខរបរ

socha
ទាហាន

mumpfampfarhuti
សុជាបត្ដយករ

muamukeli wa timali
បង្កោ

muxavisi wa swiluva
អ្នកលក់ផ្កា

mululamisi wa misisi
អ្នកអុជសក់

mufambisi
អ្នកយកលុយ

munhu wo lungisa timovha
ជាងម៉ាស៊ីន

mulawuri
កាពីទនែ

dokotela wa matinho
ពទ្យធ្មេញ

mutivi wa sayensi
អ្នកវិទ្យាសាស្ដ្រ

mufundisi
គ្រូបង្រៀនចូលសញ្ជាតិដឺហ្វូវ

murhangeri
លោកសង្ឃយាម

nghwendza
ព្រះសង្ឃ

mfundisi
បព្វជិត

mintirho - មុខរបរ

switirhisiwa
ឧបករណ៍

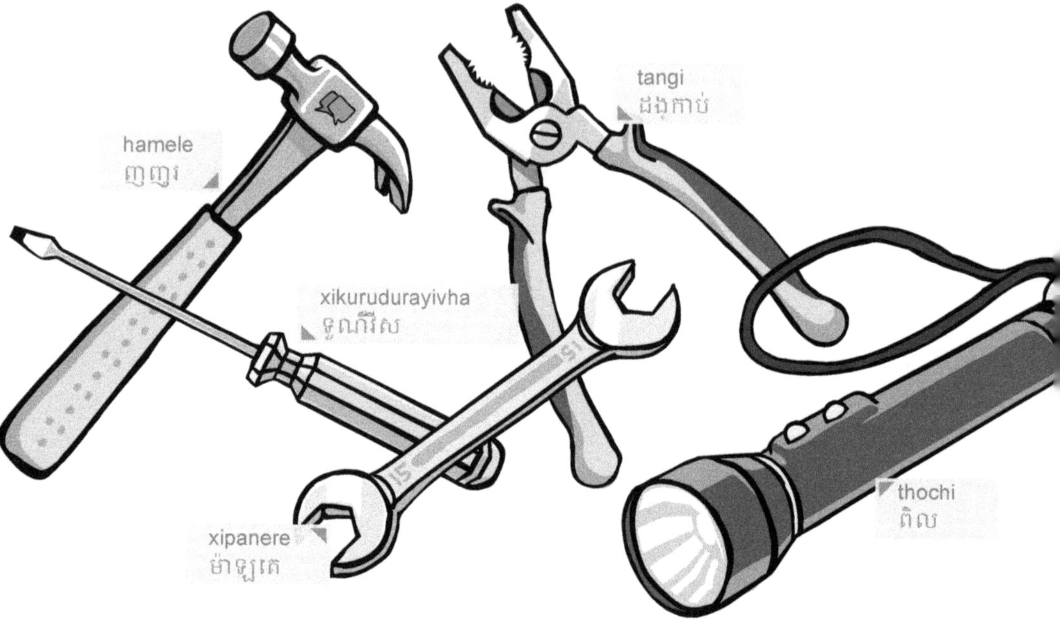

hamele
ញញួរ

tangi
ដង្កាប់

xikurudurayivha
ទួណឺវីស

xipanere
ម៉ាឡេគ្រី

thochi
ពិល

muchini wo cela
ម៉ាស៊ីនជីក

bokisi ra switirhisiwa
ប្អូរឧបករណ៍

xitepisi
ជណ្តើរ

saha
រណារ

swipikiri
ដែកគោល

muchini wo boxa
ប្អូរដាប់ស្គ្រូ

switirhisiwa - ឧបករណ៍

lunghisa
ជួសជុល

foxolo
ប៉ែល

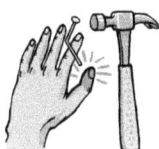
Thyaka!
ចង់វៃ!

chumu wo susa ritshuri
បុរដាប់ច្រកធូលី

mbita ya pende
ធុងថ្នាំពណ៌

bawuti
វីស

swichayachayana
ឧបករណ៍តន្ត្រី

swigubu
ឈុតស្គរ

double bass
បាសគីរ

mhalamhala
ត្រែ

xikurisa-mpfumawulo
ឧបករណ៍បំពងសំឡេង

katara
ហ្គីតា

piyano

ពុយាណូ

violin

វីយូឡុង

bass

បាស

timpani

ស៊ុតពោសសុបកែមុយ៉ាង

xigubu

ស៊ុគរ

keyboard

យឺបត

saxophone

សាក់សូហូរន

xitiringo

ខលុយ

xikurisa-marito

មីក្រូហូរន

swichayachayana - ឧបករណ៍តន្ត្រី

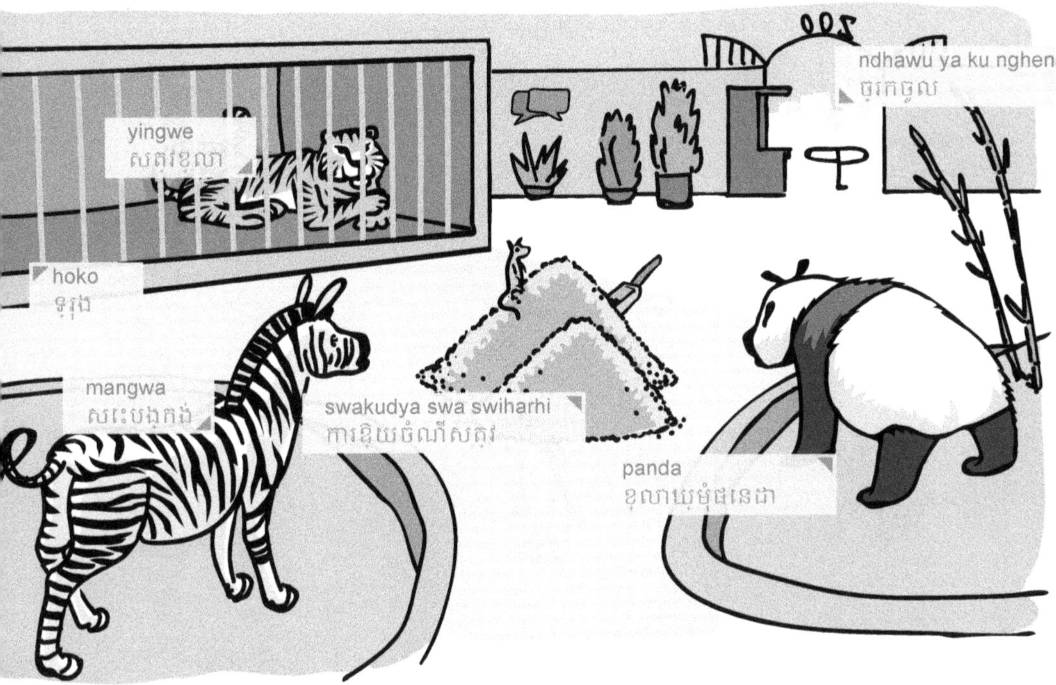

ntanga wa swiharhi
សួនសត្វ

- yingwe — សត្វខ្លា
- ndhawu ya ku nghen — ច្រកចូល
- hoko — ទ្រុង
- mangwa — សេះបង្កង់
- swakudya swa swiharhi — ការឲ្យចំណីសត្វ
- panda — ខ្លាឃ្មុំផេនដា

swiharhi
សត្វ

ndlopfu
សត្វដំរី

xinjhenghwe
សត្វកង់ហ្គារូ

mhelembe
សត្វរមាស

gorila
សត្វស្វាហ្គីរីឡា

bere
ខ្លាឃ្មុំពណ៌ត្នោត

ntanga wa swiharhi - សួនសត្វ

kamela
សត្វអូដ្ឋ

yintsha
សត្វអូទ្រីស

nghala
សត្វតោ

nkawu
ស្វា

flamingo
សត្វកុររៀល

hokwe
សកែ

bere
ខ្លាឃ្មុំតំបន់ប៉ូល

penguin
ផេនឃ្វីន

shaka
ត្រីឆ្លាម

hanti
ក្ងោក

nyoka
សត្វពស់

ngwenya
ក្រពើ

muhlayisi wa mintanga ya swiharhi
អ្នករក្សាសួនសត្វ

seal
ផ្សោតទឹក

jaguar
ខ្លារខិនមហ៊ោង

ntanga wa swiharhi - សួនសត្វ

hanci
កូនសេះ

yingwe
ខ្លារខិន

mpfuvu
សត្វដេីរទឹក

nhutlwa
សត្វករវែង

gama
ឥន្ទ្រី

ngluve ya nhova
ជ្រូក

hlampfi
ត្រី

mfutsu
អណ្តើកទឹក

nyimpfu ya le lwandle
លោមមច្ឆា

mhungubye
កញ្ជ្រោង

mhala
ក្តាន់

ntanga wa swiharhi - សួនសត្វ

mintlango
កីឡា

yi va
ហាន

endla
ធុរៈ

ku va
គី

yima
ឈរ

tsutsuma
រត់

koka
ទាញ

lahlela
បោះ

wana
ធ្លាក់

hemba
កុហាក

rindza
រង់ចាំ

rhwala
យួរ

tshama
អង្គុយ

ambala
សួរៀកពាក់

tlela
ដេក

pfuka
ភ្ញាក់ឡើង

languta
មេីល

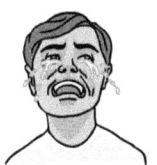

rila
យំ

bana
គូសវាស

kama
សិតសក់

vulavula
និយាយ

twisisa
យល់

vutisa
សួរ

yingisa
ស្ដាប់

nwana
ផឹក

dyana
បរិភោគ

basisa
សមុអាត

randza
សុរោញ់

sweka
ចម្អិន

chayela
បេីកបរ

haha
ហោះ

mintirho - សកម្មភាពនានា

tluta
ចែកទូក

hlaya
គណនា

hlaya
អាន

hlaya
រៀន

tirha
ធ្វើការ

teka
រៀបការ

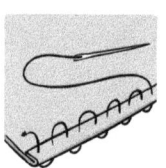
rhunga
ដេរ

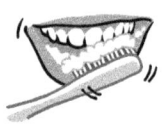
kuhlamba meno
ដុសធ្មេញ

dlaya
សម្លាប់

dzaha
ជក់

rhumela
ផ្ញើ

mintirho - សកម្មភាពនានា

ndyanghu
ក្រុមគ្រួសារ

- ana wa xisati
- kokwana wa xinuna / ជីតា
- tatana / ឪពុក
- mana / ម្តាយ
- nwana / ទារក
- n'wana wa nwanyana / កូនស្រី
- n'wana wa mfana / កូនប្រុស

muendzi
ភ្ញៀវ

hahani
មីង

malume
ពូ

makwerhu
បងប្អូនប្រុស

makwrhu
បងប្អូនស្រី

ndyanghu - ក្រុមគ្រួសារ

miri
រាងកាយ

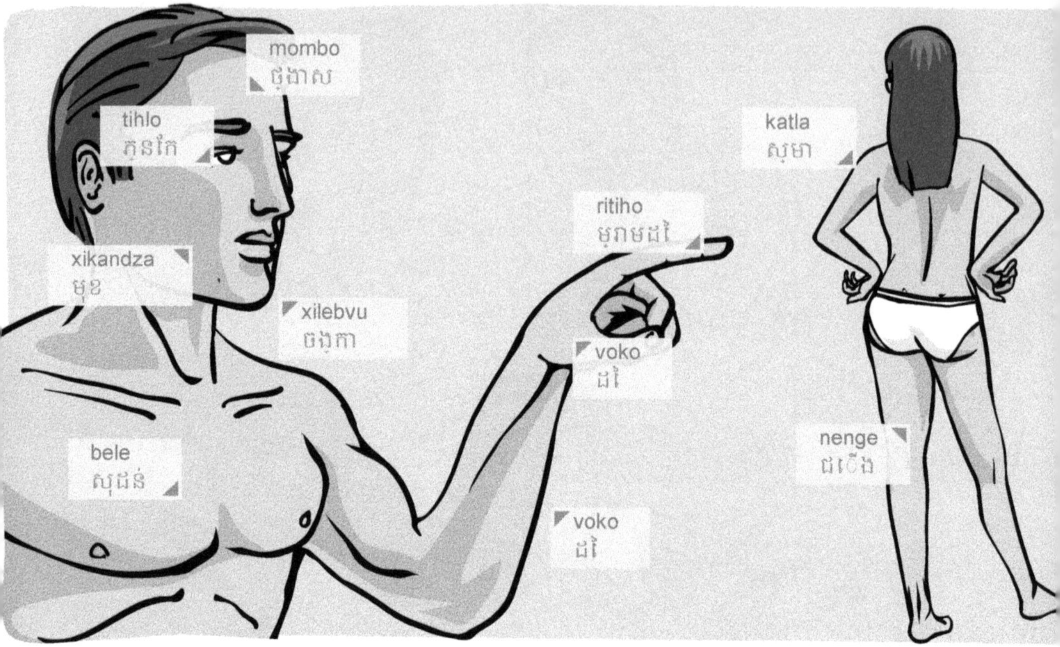

- mombo ថ្ងាស
- tihlo ក្ននកែ
- xikandza មុខ
- xilebvu ចង្កា
- bele សុដន់
- ritiho មុរមដៃ
- voko ដៃ
- voko ដៃ
- katla ស្មា
- nenge ជើង

nwana
ទារក

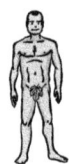

n'wanuna
បុរស

nw'ansati
ស្ត្រី

nhwanyana
ក្មេងស្រី

mfana
ក្មេងប្រុស

nhloko
ក្បាល

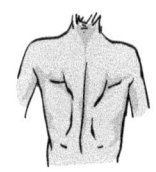

nhlana

ខ្នង

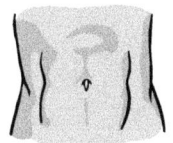

khwiri

ពោះ

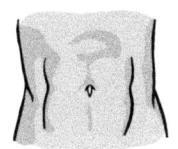

nkava

ផ្ចិត

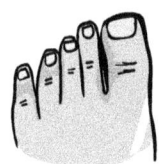

xikunwani

ម្រាមជើង

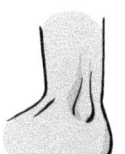

xirhenze

កដែងជើង

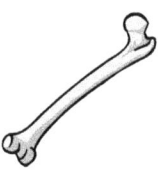

rhambu

ឆ្អឹង

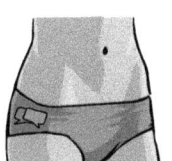

nyonga

គូទពាក់

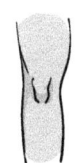

tsolo

ជង្គង់

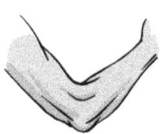

xikokola

កដែងដៃ

nompfu

ច្រមុះ

xisuti

គូទ

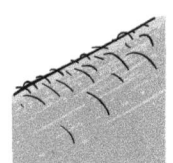

nhlonge

សុបកែ

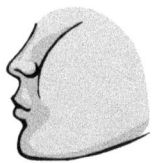

rhama

ថ្ពាល់

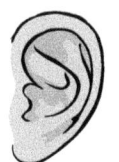

ndlebe

គូរចៀក

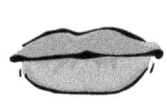

nomu

បបូរមាត់

nomu
មាត់

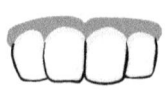

tinyo
ធ្មេញ

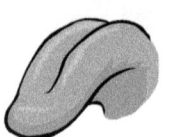

ririmi
អណ្តាត

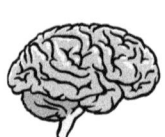

byongo
ខួរក្បាល

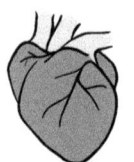

mbilu
បេះដូង

nsiha
សាច់ដុំ

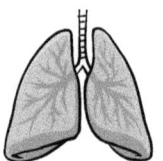

hahu
សួត

vixindzi
ថ្លើម

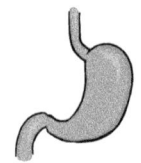

khwiri
ក្រពះ

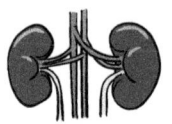

tinso
តម្រងនោម

masangu
ការរួមភេទ

khondomu
ស្រោមអនាម័យ

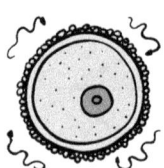

tandza
អូវុល

mbewu ya vununa
ទឹកកាម

nyimba
ការមានផ្ទៃពោះ

miri - រាងកាយ

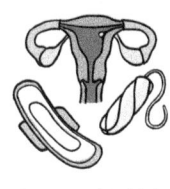

kuya enkarhini
មកវេជូវ

muhocho
ទុររមាស

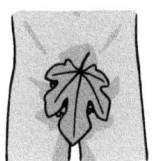

xiluma
លិង្គ

tinxiyi
ចិញ្ចេីមរៀម

misisi
សក់

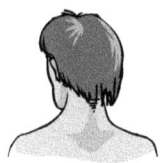

nhamu
ក

xibedlhele
មន្ទីរពេទ្យ

xibedlhele
មន្ទីរពេទ្យ

ambulense
រថយន្តសង្គ្រោះ

xitulu xa swigulana
ទេះរុញ

ku tshoveka
ការបាក់ឆ្អឹង

dokodela
វេជ្ជបណ្ឌិត

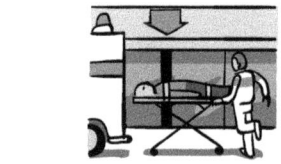

kamara ra xilamulela-mhango
បន្ទប់សង្គ្រោះបន្ទាន់

muongori
គិលានុបដ្ឋាយិកា

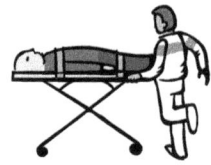

xihatla
សង្រ្គោះបន្ទាន់

ku titivala
សន្លប់

kuvava
ការឈឺចាប់

xibedlhele - មន្ទីរពេទ្យ

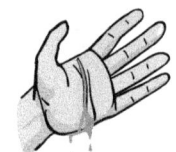

ku vaviseka
ការរងរបួស

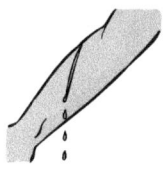

mpfempfa ngati
ការហូរឈាម

ku hlaseriwa himbilu
គាំងបេះដូង

ku oma swirho
មុឺងដាច់សរសៃឈាមក្នុង
ក្បាល

rinyenyo
អាលែកហ្ស៊ី

khohlola
ក្អក

xifumbu
ជំងឺគ្រុន

mukhuhlwana
ជំងឺផ្តាសាយ

nchuluko
ជំងឺរាគរូស

ku pandza ka nhloko
ឈឺក្បាល

khensa
ជំងឺមហារីក

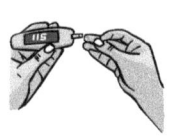

chukela
ជំងឺទឹកនោមផ្អែម

dokodela
គ្រូពេទ្យរះកាត់

mukwana
កាំបិតរះកាត់

vuhandzuri
បុគ្គលិកមន្ទីការ

xibedlhele - មន្ទីរពេទ្យ

CT
CT

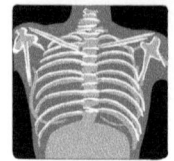
x-rheyi
ការសើ្មអិច

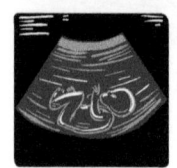
muchini wo yingisela ntshuka-ntshuko
អកៃ្ក

xo tipfala tinhomfu
របាំងមុខ

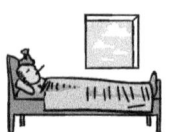
vuvabyi
ជំងឺ

kamara ro rindza
បន្ទប់ចាំបន្ទប់

nhonga
ឈើច្រត់

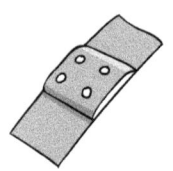
semendhe
មុនាងសិលា

bandhichi
បង់រុំ

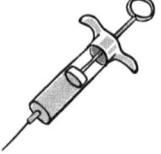
neleta
ការចាក់ថ្នាំ

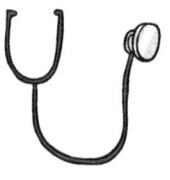
muchini wa madokodela wa ku yingisa
ស្ទេតូស្កុប

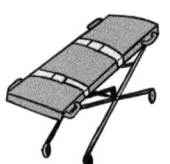
rihlaka
សែនងរបួស

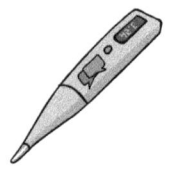
xipima-mahiselo
ទែម៉ូម៉ែត្រពេទ្យហាល

ku veleka
កំណើត

ku nyuhela
លើសទម្ងន់

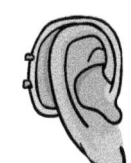
swipfuneta-ku-twa
ឧបករណ៍ជំនួយការស្ដាប់

khemikhale yo dlaya switsongwatsongwana
សារធាតុសម្លាប់មេរោគ

switsongwatsongwana
ការឆ្លងមេរោគ

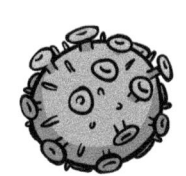
xitsongwatsongwana
មេរោគ

HIV / AIDS
មេរោគអេដស៍ / ជំងឺអេដស៍

miri
ថ្នាំពេទ្យ

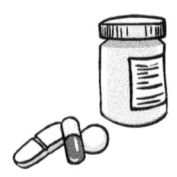
maphilisi
ថ្នាំគ្រាប់

pilisi
ថ្នាំគ្រាប់

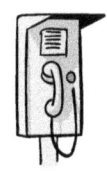
nayiti
ការចាក់ថ្នាំបង្ការ

riqingho ra xihatla
ការហាត់ប្រាណលេងកីឡា

muchini wo kamba nsusumeto wa ngati
ឧបករណ៍ពិនិត្យសម្ពាធឈាម

vabya / hanya
ឈឺ / មានសុខភាពល្អ

xihatla
សង្គ្រោះបន្ទាន់

Pfunani!
ជំនួយ!

bele
សំឡេងរោទ៍

ku hlaseriwa
ការវាយលុក

hlasela
ការវាយប្រហារ

khombo
គ្រោះថ្នាក់

nyangwa wo huma loko ku ri ni mhango
ច្រកចេញគ្រាអាសន្ន

Ndzilo!
អគ្គីភ័យ!

xo tima ndzilo
បំពង់ពន្លត់អគ្គិភ័យ

mhangu
គ្រោះថ្នាក់

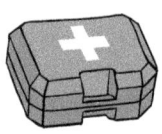

bokisi ra xilamulela-mhango
ឧបករណ៍ជំនួយបឋម

SOS
SOS

phorisa
ប៉ូលិស

Misava
ជំនេដ

Yuropa
អឺរ៉ុប

Amerika N'walungu
អាមេរិកខាងជើង

Amerika Dzonga
អាមេរិកខាងត្បូង

Afrika
អាហ្វ្រិក

Asia
អាស៊ី

Australia
អូស្រ្តាលី

Atlantic
អាតុលង់ទិច

Pacific
ប៉ាស៊ីហ្វិក

Lwandle-nkulu ra Indiya
មហាសមុទ្រឥណ្ឌា

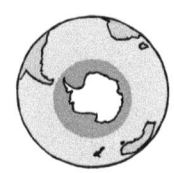

Lwandle-nkulu ra Antarctic
មហាសមុទ្រអង់តាក់ទិច

Lwandle-nkulu ra Arctic
មហាសមុទ្រអាកទិច

North Pole
ប៉ូលខាងជើង

Misava - ជំនេដ

South Pole
ប៉ូលខាងត្បូង

Antarctica
អង់តាក់ទិក

Misava
ផែនដី

tiko
ដីគោក

lwandle
សមុទ្រ

xihlala
កោះ

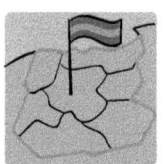

rixaka
បុរទេសជាតិ

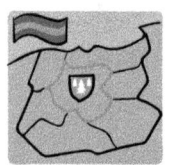

tiko
រដ្ឋ

xikomba-nkarhi

នាឡិកា

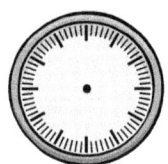

xikomba nkarhi

មុខនាឡិកា

xikomba-tiawara

ទ្រនិចម៉ោង

xikomba-timineti

ទ្រនិចនាទី

xikomba-tisekoni

ទ្រនិចវិនាទី

I nkarhi muni?

ម៉ោងប៉ុន្មាន?

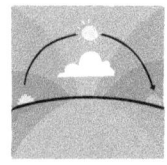

siku

ថ្ងៃ

nkarhi

ពេលវេលា

sweswi

ឥឡូវនេះ

wachi leyi tshavatelaka

នាឡិកាឌីជីថល

minete

នាទី

awara

ម៉ោង

viki
សប្ដាហ៍

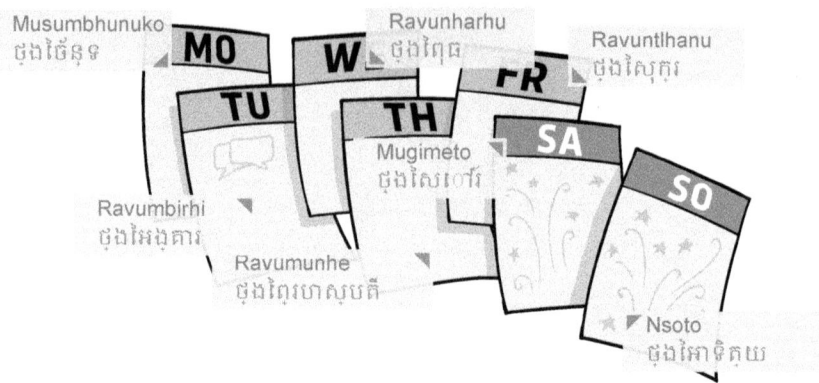

Musumbhunuko
ថ្ងៃចន្ទ

Ravumbirhi
ថ្ងៃអង្គារ

Ravunharhu
ថ្ងៃពុធ

Mugimeto
ថ្ងៃព្រហស្បតិ៍

Ravumunhe
ថ្ងៃសុក្រ

Ravuntlhanu
ថ្ងៃសៅរ៍

Nsoto
ថ្ងៃអាទិត្យ

tolo
មុសិលមិញ

namuntlha
ថ្ងៃនេះ

mundzuku
ថ្ងៃស្អែក

mixo
ព្រឹក

nhlekani
ថ្ងៃត្រង់

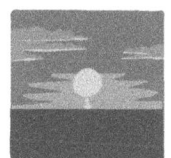

madyambu
ល្ងាច

masiku ya ntirho
ថ្ងៃធ្វើការ

mahelo vhiki
ចុងសប្ដាហ៍

80 viki - សប្ដាហ៍

lembe
ឆ្នាំ

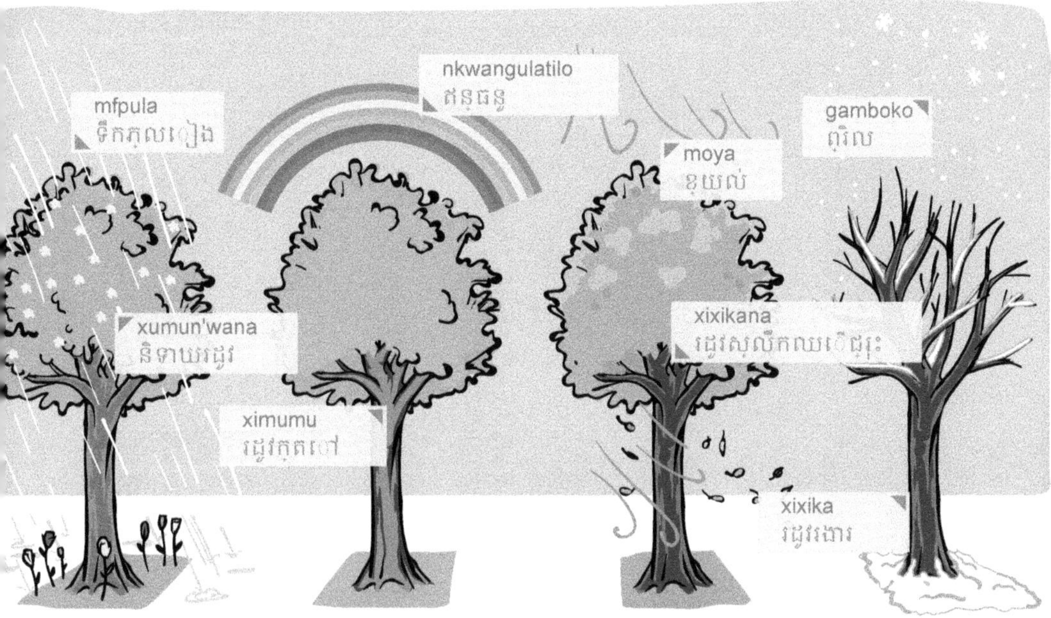

mfpula
ទឹកភ្លៀង
nkwangulatilo
ឥន្ទធនូ
moya
ខ្យល់
gamboko
ព្រិល
xumun'wana
និទាឃរដូវ
ximumu
រដូវក្តៅ
xixikana
រដូវស្លឹកឈើជ្រុះ
xixika
រដូវរងារ

4.APRIL 11°
5.APRIL 4°
6.APRIL 13°
7.APRIL 8°
8.APRIL 10°

vumbha tamaxelo

ារព្យាករណ៍អាកាសធាតុ

F C
120 40
90 30
60 20
30 10
0 0
-30 -10
-20

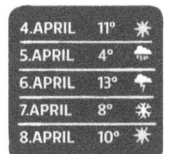

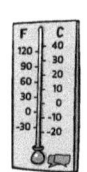

xipima-mahiselo

ទែម៉ូម៉ែត្រ

dyambu

ពន្លឺថ្ងៃ

papa

ពពក

hunguva

អ័ព្ទ

kutsakama

សំណើម

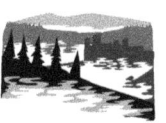

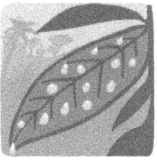

rihati
រន្ទះ

dzindza-tilo
ផ្គរ

xidzedze
ព្យុះ

xihangu
ភ្លៀង

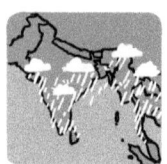

mpfula
ខ្យល់មូសុង

ndhambi
ទឹកជំនន់

ayisi
ទឹកកក

Sunguti
ខែមករា

Nyenyenyana
ខែកុម្ភៈ

Nyenyankulu
ខែមីនា

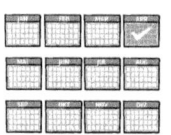

Dzivamusoko
ខែមេសា

Mudyaxihi
ខែឧសភា

Khotavuxika
ខែមិថុនា

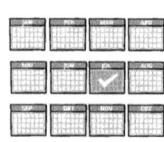

Mawuwani
ខែកក្កដា

Mhawuri
ខែសីហា

lembe - ឆ្នាំ

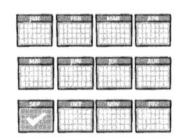
Ndzhati
ខែកញ្ញា

Nhlangula
ខែតុលា

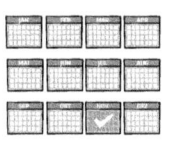
Hukuri
ខែវិច្ឆិកា

N'wendzamhala
ខែធ្នូ

swivumbeko
រាង

xirendzevutana
រង្វង់

xikwere
ការ៉េ

matlhelo ya mune
ចតុកោណកែង

xivunguvungu xa tintlha tinharhu
ត្រីកោណ

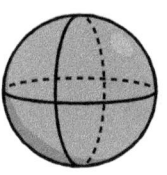
bolo
ស្វ៊ែរ

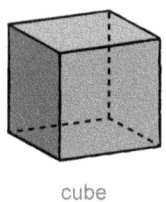
cube
គូប

mevala
ពណ៌

basa
ពណ៌ស

xitshopana
ពណ៌សលឿង

lamula
ពណ៌ទឹកក្រូច

tshwukanyana
ពណ៌ផុតកាឈូក

tshwuka
ពណ៌ក្រហម

xigunguvungu
ពណ៌ស្វាយ

wasi
ពណ៌ខៀវ

rihlaza
ពណ៌បៃតង

buraweni
ពណ៌ទឹកក្រូច

mpunga
ពណ៌ប្រផេះ

ntima
ពណ៌ខ្មៅ

swo hambana
ផ្ទុយគ្នា

swo tala / swi tsongo
ចូរេីន / ពិចពូច

hlundzukile / rhurile
ខឹង / គួរជាក់ចិត្ត

sasekile / bihile
សុរស់សរអាត / អាក្រក់

masungulo / makumo
ចាប់ផុតេីម / បញ្ចប់

kulu / tsongo
ធំ / តូច

vangama / munyama
ភ្លឺ / ងងឹត

buti / sesi
បងប្អូនបុរស / បងប្អូនស្ត្រី

basile / chakile
សុអាត / កខ្វក់

helerile / helelangiki
ពញ្ញលញ្ញ / មិនពញ្ញលញ្ញ

siku / vusiku
ថ្ងៃ / យប់

file / hanyaka
ស្លាប់ / នៅរស់

pfulekile / pfalekile
ចំហរណាយ / គូចចងអៀត

swa dyiwa / a swi dyiwi

អាចបរិភោគបាន / មិនអាចបរិភោគបាន

homboloka / lunghile

ចិត្តអាក្រក់ / ចិត្តល្អ

tsakile / phirekile

ការរំភើប / អផ្សុក

nyuhela / lala

ភ្ញាក់ / សុបិន

masungulo / makumo

ដំបូង / ចុងក្រោយ

mungana / nala

មិត្តភក្តិ / សត្រូវ

tele / hava

ពេញ / ទទេ

tiyile / olova

រឹង / ទន់

tika / vevuka

ធ្ងន់ / ស្រាល

ndlala / torha

ភាពអត់ឃ្លាន / ការស្រេកឃ្លាន

vabya / hanya

ឈឺ / មានសុខភាពល្អ

swi ngariki enawini / enawini

ខុសច្បាប់ / ត្រូវច្បាប់

tlharihile / xiphukuphuku

គុណវឌ្ឍិ / ឆ្កួត

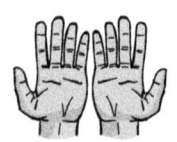

ximati / xinene

គូរវែង / ស្តាំ

akusuhi / kule

ជិត / ឆ្ងាយ

yintshwa / tirhisiwile

ផុម / ហានបុរេី

hava / xin'wana

គុមានអ្វីសោះ / អ្វីមួយ

dyuharile / muntshwa

ចាស់ / កុមរេង

xarirha / xitimile

បេីក / បិទ

pfurile / pfariwile

បេីក / បិទ

myerile / huwa

សុងប់សុងាត / ឮខូណរាំង

fuwile / xisiwana

មាន / កូរ

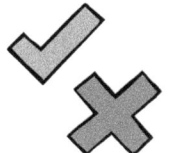

swinene / bihile

ត្រូវ / ខុស

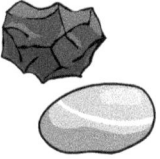

khwasha / reta

តូរេីម / រលេាង

vaviseka / tsaka

ហាកចិត្ត / សប្បាយចិត្ត

koma / leha

ខ្លី / វែង

hlwela / hatlisa

យេីត / លរេៀន

tsakama / oma

សេីម / សួង្គត

kufumela / titimela

កុតេៅ / គូរជាក់

nyimpi / kurhula

សង្រ្គាម / សន្តិភាព

swo hambana - ផ្ទុយគ្នា

nomboro
លខេ

0 noto
សូន្យ

1 n'we
មួយ

2 mbirhi
ពីរ

3 nharhu
បី

4 mune
បួន

5 ntlhanu
ប្រាំ

6 ntsevu
ប្រាំមួយ

7 nkombo
ប្រាំពីរ

8 nhungu
ប្រាំបី

9 nkaye
ប្រាំបួន

10 khume
ដប់

11 khume n'we
ដប់មួយ

12
khume mbirhi
ដប់ពីរ

13
khume nharhu
ដប់បី

14
khume mune
ដប់បួន

15
khume ntlhanu
ដប់ប្រាំ

16
khume ntsevu
ដប់ប្រាំមួយ

17
khumbe nkombo
ដប់ប្រាំពីរ

18
khume nhungu
ដប់ប្រាំបី

19
khume nkaye
ដប់ប្រាំបួន

20
makhume mambirhi
ម្ភៃ

100
dzana
រយ

1.000
gidi
ពាន់

1.000.000
gidi ya magidi
លាន

tindzimi
ភាសា

Xinghezi
អង់គ្លេស

Xinghezi xa Amerika
អង់គ្លេសអាមេរិក

Xichayina xa Mandarin
ចិនកុកងឺ

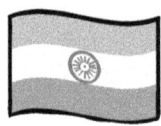
Xihindi
ហិណ្ឌូ

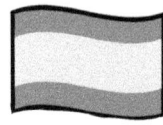
Xipaniya
អេស្ប៉ាញ

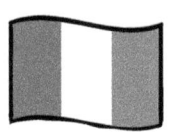
Xifurwa
ហ្វរាំង

Xiarabu
អារ៉ាប់

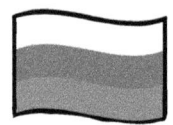
Xirhaxiya
រុស្ស៊ី

Xiputukezi
ព័រទុយហ្គាល់

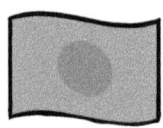
Xibengali
បង់ក្លាដេស

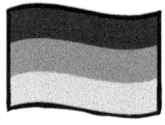
Xijarimani
អាល្លឺម៉ង់

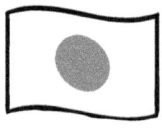
Xijapani
ជប៉ុន

mani / yini / njhani
នរណា / អ្វី / របៀប

mina
ខ្ញុំ

wena
អ្នក

yena / yena / xona
គាត់ / នាង / វា

hina
យើង

n'wina
អ្នក

vona
ពួកគេហេន

mani?
នរណា?

yini?
អ្វី?

njhani?
របៀបណា?

kwihi?
កន្លែងណា?

rhini?
ពេលណា?

vito
ឈ្មោះ

eka
កន្លង់ដៃ

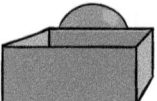

endzaku
ពីក្រោយ

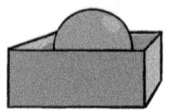

ahehla
ក្នុង

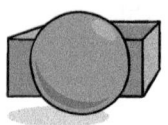

emahlweni a
ពីមុខ

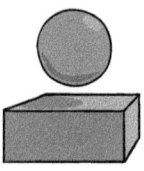

ahenhla ka
ពីលើ

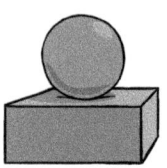

eka
នៅលើ

ehansi
នៅក្រោម

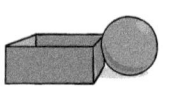

handle ka
នៅក្បែរ

exikarhi ka
រវាង

ndhawu
កន្លង់ដៃ

Lightning Source UK Ltd.
Milton Keynes UK
UKHW020248221120
373825UK00010B/628